iHuman
新民說
成为更好的人

BOB DYLAN NYC 1961–1964

Ted Russell
with Chris Murray

鲍勃·迪伦在纽约 1961–1964

[美] 特德·罗素 摄　[美] 克里斯·默里 协力
李皖 译　郑汝可 校

GUANGXI NORMAL UNIVERSITY PRESS
广西师范大学出版社
·桂林·

BAOBO DILUN ZAI NIUYUE：1961—1964

图书在版编目（CIP）数据

鲍勃・迪伦在纽约：1961—1964 / （美）特德・罗素摄；李皖译．—桂林：广西师范大学出版社，2018.3
书名原文：BOB DYLAN:NYC1961—1964
ISBN 978-7-5598-0475-4

Ⅰ．①鲍… Ⅱ．①特…②李… Ⅲ．①鲍勃・迪伦－生平事迹－1961-1964 Ⅳ．①K837.125.76

中国版本图书馆 CIP 数据核字（2017）第 271961 号

出　版：广西师范大学出版社
　　　　广西桂林市五里店路 9 号　邮政编码：541004
网　址：http://www.bbtpress.com
出版人：张艺兵
发　行：广西师范大学出版社
　　　　电话：（0773）2802178
印　刷：珠海市豪迈实业有限公司
　　　　珠海市香洲区洲山路 63 号豪迈大厦　邮政编码：519000
开　本：787 mm × 1 092 mm　1/16
印　张：9　　　　字数：124 千字
版　次：2018 年 3 月第 1 版　　2018 年 3 月第 1 次
定　价：108.00 元

鲍勃·迪伦和多诺万，新港民谣节，1965年

序

多诺万*

啊，我是个无畏的年轻漫行者，离家游荡

去寻求名望和财富，既然工厂无法提供这两样

伸出拇指搭车，唱着歌与那吉普赛少年下车

沿这条坎坷路，走向天堂，和永恒的乐土

——多诺万

这出自我未发表的歌曲，而它也是鲍勃的故事
我们俩有着相同的开始和相同的录音室才智
十几岁时，听上世纪 50 年代摇滚乐

抓起吉他，去城市，一头扎进
波西米亚的民谣布鲁斯世界，做大师们的学徒
风格的速成者，召唤旋律，涂抹诗句
饥渴地歌唱

在特德的照片中，我知道发生了什么，因为我也曾那样生活

这是一篇怪模怪样的序言，我知道，但我没办法
语句缓缓溢出，有如歌谣中的一行行句子
有如一首首副歌在向鲍勃的早期岁月呼唤，在他开始吟唱之前
伟大的渴望之歌，他词语的河
不久即将流淌

---

* Donovan Philips Leitch，苏格兰歌手，20世纪60年代以一系列迷幻摇滚名作获得国际声誉。其音乐风格融合了英语传统民歌、爵士乐、电声摇滚、世界音乐等，具有极高的音乐性和文学性，在当时英美民谣界独树一帜。创作上曾受到迪伦影响，曾于1965年与迪伦会面交流。

特德的摄影，记录了鲍勃最初的登场
他坚持为那些可能在听的人歌唱
试着全新的吉他弹奏和异想天开的措辞

在格尔德民谣城[1]，谁在意招待
歌曲需要演奏
话语需要倾听

这一切都是关于歌谣，关于将文字填入
乡村布鲁斯的弹拨和诞生新曲调的和弦
关于那在寒冷的北方高速公路上，被抛弃的姑娘
来到音乐高于一切的地方，真好

在克兰西兄弟[2]脚下，记下各样的曲调
外面天寒地冻，但心灵歌唱之处是温暖的
清脆吉他弦上发出亮银色的声音

这一切都是关于那次伟大的凯尔特之旅
它给辽阔的美洲带来了百万绿意
滋养了布鲁斯、乡村音乐和摇滚乐

鲍勃和我都热爱伍迪 · 格思里[3]
这位苏格兰民谣歌者和大胆的小字报作者
在特德拍下照片之际，伍迪已奄奄一息

1　Gerde's Folk City，格林尼治村著名的音乐演出场所。迪伦第一次在正式场合的公开演出，就是在这里举行的。三天后，《纽约时报》刊登了关于迪伦的文章。整个曼哈顿都知道了这个年轻人。那一年，他二十岁。

2　The Clancy，爱尔兰演出组合，走在时代前列发掘出了数量可观的英语民歌，对美国民谣复兴影响深远。

3　Woody Guthrie，美国著名民谣歌手，其祖上来自苏格兰。下句“苏格兰民谣歌者”亦指向其对苏格兰民谣的传承。

鲍勃像磁石一样被吸引到伍迪床边
我也被伍迪吸引，深入那些黑胶唱片
去体会这位歌艺巨匠的灵魂

可是，当时还看不出，扎进民谣圈中的鲍勃和我
这么说可能不太恰当，但是你再向前看，就会看到
变成两个摇滚歌手的我们，是多么强大啊

如果你非常仔细去看特德抓拍的影像
相信我的话吧——你能看到孕育中的摇滚乐
从那根脉流向鲍勃，也滋养了我

因为根总是供养枝条
长出了叶子、花和果实
音乐这棵参天大树，生长于民歌之黑暗
而后伸展进入光

感谢特德，留存下这份档案
衷心感谢克里斯·默里，合力成就这本书
讲述一个没谁真正意识到有多重要的时代

小村舞台上一个简单的“民谣歌手”
是怎样开启了诗歌与民谣的伟大融合
而我就像是他的兄弟，做着同样的事

这不只是关于让歌词摇滚起来
不只是关于一把电吉他
所有的人，为鲍勃·迪伦吟唱出他的诗韵欢呼
无所畏惧，并注目于这改变的时代

这一切都是关于诗歌的危险与狡黠
这一切都是关于融合传统的大胆使命
一种现代艺术，因智慧而变得古老久远

在这些令人惊讶的照片中，你会看到，一个诗人
在他的世界边缘保持着平衡
笑对偶然，然而仍懂得必然

……惟梦是真

前 言

一连串机缘巧合的事件

特德·罗素

我时常觉得自己的人生就像是一系列沃尔特·米蒂[1]式幻想，有时候因为一些幸运的机遇，幻想成真。将我引向鲍勃·迪伦的一系列事件就是个绝佳例子。当时我作为一名自由摄影记者，定期为《生活》杂志拍摄图片。一次，我受委派拍摄一则由胜利唱片公司[2]公关部提议的图片报道，该厂牌正在寻找一位新的青少年偶像。

1959年，RCA从加州一所高中发掘了一位没有名气、完全不为人所知的少年——罗德·劳伦斯·斯特伦克斯，他们叫他罗德·劳伦，公司打算用七万五千美元，把他打造成下一位青少年偶像。我拍摄的关于他的专题在《生活》杂志占据了几个页面。这启发了RCA公关部，他们又雇用我花几天时间，摄影报道公司最近刚挖掘出的女艺人——迷人而尚不出名的安-玛格丽特。在格林尼治村的咖啡馆拍摄安-玛格丽特时，RCA的公关约翰·库兰被派来陪同，我们一起逛了中央公园，在垂德维客餐厅就餐，最后享用广场酒店侍候到玛格丽特床上的早餐。照片被用在她首张专辑《活泼美人》的封底。

几个月转瞬即逝，约翰·库兰从RCA辞职，加入哥伦比亚唱片公司。他给我打了个电话，说起一位崭露头角的年轻民谣歌手，名字叫鲍勃·迪伦。约翰知道，作为一个自由记者，我一直都在留意着新的报道选题，以便能从主流杂志获得稿约。他向我描述，迪伦如何秉承了伍迪·格思里的传统，表现得就像是一个四处漂泊的流浪汉：穿着旧牛仔扒货运火车，戴着有趣的帽子，漫不经心地拨弄吉他，唱着、写着民谣歌曲。约翰还给了我一篇由《纽约时报》乐评人罗伯特·谢尔顿撰写的热

1　Walter Mitty，美国作家詹姆斯·瑟伯于1939年在短篇小说《沃尔特·米蒂的秘密生活》中创造的文学人物，终日耽于冒险和成功的白日梦。

2　RCA Victor records，美国著名唱片厂牌，以下简称RCA。

情洋溢的评论，和一些 12 英寸黑胶样片，里面的歌曲后来收录于迪伦首张专辑中。

终于，1961 年 11 月，我来到格林尼治村第四街西段的格尔德民谣城，与正在现场表演的鲍勃·迪伦会面，为他拍照。有点讽刺的是，1955 年的时候，我曾短暂地在这村里住过，却从没怎么留意这里的民谣圈，而是成了个爵士乐迷：收集老查理·帕克的唱片，常去一些爵士乐“根据地”，比如鲍威里街的五点咖啡、哈德逊街的半音符俱乐部，听马利根和蒙克、托尼·斯科特及其他一些爵士名家的演奏现场。在我的个人播放表里，有比莉·哈乐黛、埃拉·菲茨杰拉德、萨拉·沃恩、莉娜·霍恩、艾灵顿和贝西公爵、班尼·古德曼、阿蒂·肖、佩姬·李、戴夫·布鲁贝克、路易斯·阿姆斯特朗、埃罗尔·加纳、乔治·希林，当然，还有查理·帕克[1]。这其中没有琼·贝兹和皮特·西格[2]的名字。

显然对于民谣圈，我知之甚少。20 世纪 50 年代中期，我在麦克杜格尔街住着月租四十美元、无电梯、无水暖系统的公寓，那时候我常去第七大道像海伦·吉的聚光灯这类咖啡馆闲逛。咖啡馆没什么娱乐，却能让人待上几个小时，端着同一杯咖啡取暖。有时候也会遇到一些人，比如很有抱负的演员马克·雷戴尔、著名摄影家维加，还有一次见到前世界重量级拳王埃扎德·查尔斯。维加的奇作《裸城》在多年前曾给我带来启发，那时我十六岁，在布鲁塞尔一家书店看到这本书。马克·雷戴尔后来成了名导，因电影《金色池塘》获得了奥斯卡的提名。聚光灯咖啡馆后面还有一个小摄影画廊，这画廊就像磁铁一样，吸引了不少有创造力的追梦者，热切谈论着他们的梦想。虽然在 20 世纪 50 年代后期，我给《选美》杂志做过一个摄影专题，镜头关注了一群把曼哈顿下东区整整一栋厂房改造成工作室的艺术家和音乐家，但所有那些音乐家都是玩爵士的，没一个是民谣艺人。

安－玛格丽特，1961年

迪伦在格尔德民谣城演出现场，1961年

1 以上均为著名的美国爵士乐音乐家。

2 Joan Baez，Pete Seeger，当时最著名的两位美国民谣歌手。

格尔德民谣城夜总会和餐馆外观，约1960年（赫尔顿档案馆/盖蒂图片社供图）

所以我只能用“机缘巧合的时刻”来形容那个时候，对民谣音乐世界全然无知的我，在那时却获得了一个不设限制的许可，去拍摄一位初生的创造天才，这个人，之后很快就享有了国际声誉，备受追捧，几近被奉若神明。有人可能会以为，我是立马就被他的表演迷住了，但是并不是。我这个人，注意力持续的时间很短，所以一直都需要特别努力，在看相机取景器时像激光束一样聚焦，观察对象每一个细微的面部表情，以弥补不足。所以当我全神贯注时，就忽略掉了周围的声音，包括谈话和音乐。但仍需要指出的是，当时观众对迪伦表演的反应并不热烈。当投币篮传来传去收钱时，观众投进去的是零钱，而不是大钞。

迪伦演出后，我和他聊天，谈到想要拍摄一组实验性的照片，作为摄影专题投给全国性杂志，主题是关于一个崭露头角、想要在纽约立足的民谣歌手的奋斗。我们约定几天后，在他位于格林尼治村第四街西段 161 号那座褐色砂石大楼的、没有电梯的公寓里见面。

会面平淡无奇。迪伦热情地欢迎我，给我引见他的女友，后来我才知道她叫苏西 · 罗托洛。他们定是刚搬来，公寓里干净整洁，但没什么家具。实际上，他们当时应该还在搬家，我拍的照片里，有几个鲍勃搬着一箱日用品的镜头。鲍勃和苏西都很亲和，热情周到，也很配合。我向他们解释，我的工作方式是尽可能地不引人注意，努力捕捉一些真实自然、毫不做作的瞬间。当然，

格林尼治村
艺术家们，1959年

Gibson

我不记得当时的原话了，但我应该说了“请忽略我，就做我不在场时你会做的事”之类的话。鲍勃确实特意这样做了，以各种姿势漫不经心地拨弄吉他，有时伴着吹口琴，四肢摊开、不脱靴子躺在大床上，床搁在只有稀稀拉拉几件家具的公寓地板上。还有些时候，他玩电唱机，吹口琴，或者坐在床边抽烟。我用35毫米尼康、黑白胶卷，在自然光下即刻抓拍下这些自然瞬间。当然也有几张鲍勃和苏西亲昵地面对相机的照片。苏西·罗托洛就是《自由不羁的鲍勃·迪伦》专辑那张令人难忘的封面上，与迪伦一起出镜的年轻女子。我多希望我能说，我们的谈话很刺激，讨论了很多有趣的话题，但是，就像在格尔德拍摄他的表演时，我全神贯注于相机取景器中之所见那样，我将注意力百分百投入到了镜头聚焦的影像之中，尽可能地不说话。

曾与我共事过的几位前《生活》杂志编辑后来跳槽去了《星期六晚邮报》，其中有一位是图片编辑。我专程去了趟他们在费城的邮报办公室，兜售我为鲍勃·迪伦做摄影专题的构想。在看了罗伯特·谢尔顿的评论和我拍的照片后，编辑们一开始显得很有热情，直到他们要我放放那些小样唱片。大家围坐在巨大的橡木会议桌边，等着听唱片。我刚放了第一张，他们看起来就很错愕，问我是否选对了转速。我尝试用33转，然后用45转，他们都不喜欢。最后我试了试78转，唱片发出呜呜的噪音，变得更令人难受。《星期六晚邮报》的编辑们，决定放弃这个题材。

接下来的事儿大家都知道了。我接受了在欧洲的一系列拍摄任务，将迪伦的这些照片忘到了九霄云外，直到多年以后，好友让－皮埃尔·帕皮催促我将它们出版。这时鲍勃·迪伦已经享有国际性的声望和财富，而那位RCA录音艺人罗德·劳伦——由他开始的一连串事件将我迂回地引向迪伦，其演艺事业最终却有些暗淡，他成了一位昙花一现的歌手和电视演员。

从欧洲回来之后，我受《生活》委派又拍过迪伦两次：一次是鲍勃与詹姆斯·鲍德温一起，那是1963年

与詹姆斯·鲍德温在国家紧急事件公民特权委员会权利法案晚宴上，1963年

11 月，肯尼迪总统遇刺的前几天，鲍勃参加了国家紧急事件公民特权委员会（NECLC）权利法案晚宴，并领取了汤姆·潘恩公民权利奖；另一次是《生活》杂志记者在格林尼治村的公寓中对鲍勃的一次专访，时间是 1964 年 3 月。

《生活》杂志封面，1959年

介 绍

鲍勃·迪伦的梦

克里斯·默里

“他所写的，富于启性。他在书写真实。”

——美国歌手 梅维斯 · 斯特普尔斯

鲍勃 · 迪伦于 1961 年冬前往纽约、抵达格林尼治村的故事，已经被许多作者记载下来。对迪伦的资深拥趸来说，这是一个传奇故事，是此时的一个神话，他们由此可以重访迪伦在 20 世纪 60 年代早期的那些探索经历。迪伦在他的自传《编年史》中写道：“民谣是我探索世界的方式，它们是图画，是比我能说出的任何东西都更有价值的图画。”

这本书中，特德 · 罗素的照片，是对迪伦这种说法的佐证。这些图像不只是对我们讲述了迪伦进入格林尼治村及其民谣世界的这一阶段，实际上，它们还将之描绘出来了。这些照片一直都没有成书出版，直到今天。它们让我们得以更清晰地聚焦于这段英雄旅程中那些充满挑战的早期岁月，以及最初在纽约那段日子的气氛。迪伦说过：“对纽约，我已经准备好了。我立刻意识到我来对了。纽约，一座将要造就我命运的城市。”

纽约也会造就摄影师特德 · 罗素的命运。特德出生于伦敦，在第二次世界大战爆发前夕，随家人移居到小村希普莱克。小村与一座农场毗连，在泰晤士河畔亨利镇下游三英里。他和他的哥哥罗宾，在他们的“战争花园”里辛苦种植蔬菜，有时在相邻农场收获土豆、糖用甜菜和黄瓜，挣些零用钱。

特德在十岁左右有了一部柯达折叠式相机，摄影生涯由此开始。最初，他拍些当地的风景和动物。在姐姐多萝西给他买了一套 DIY 冲印装备后，特德学会了冲印照片。他父亲通过同事关系，在伦敦舰队街一家新闻图片社为他找了份实习工作。特德回忆过航队街那些图片社令人惊叹的照片处理方式。摄影师们仍在使用以 9 × 12 厘米玻璃板作为底片的相机，将玻璃板浸入强显影液两分钟，浸入定影剂一分钟，冲洗干净，印出照片，这时候底片还是湿的。然后，冲印出的照片被浸入甲醇，置于火上烘干，就像烤薄煎饼那样。从摄影师进门算起

格尔德民谣城演出现场，1961年

七分钟后，送片员（特德即是其中一位）一路奔跑将照片送到《每日邮报》《每日镜报》《快报》《每日见闻报》及其他一些报纸。特德那时十五岁，一周工作六天，薪水三十先令（约六美元）。

1946年，特德·罗素移居到布鲁塞尔，其时他的父亲取代了沃尔特·克朗凯特，担任合众社的总编辑。罗素成为《顶点报》的特约记者，并跟随布鲁塞尔美艺厅官方摄影师、著名摄影家约瑟夫·卡耶做学徒。在布鲁塞尔这段时间，当《生活》杂志的摄影师成为了罗素的人生理想。那是他的梦想。他通过琢磨《生活》里那些伟大摄影师的作品和报道来自学。罗素曾承认："《生活》是我的摄影手册。"也是在布鲁塞尔，十六岁的罗素在书店里看到了摄影家维加的书《裸城》，维加这本代表作深深启发了这位年轻的摄影师。罗素承认："那本书改变了我的人生。"

而后，罗素成为《现在》杂志社的一员，《现在》是由《星条旗报》的一些前员工在德国法兰克福的美国占领区出版的英文图片杂志。《现在》停刊后，他为纽伦堡《军队聚光灯》杂志拍过封面，做过拍摄瓦尔卡难民营附近难民的自主项目，报道过尼斯的马蒂·格拉斯狂欢节，还曾想过去巴黎做自由记者，直到花光了钱，登上玛丽女王号邮轮到了纽约。抵达时间是1952年4月，带着四部相机、二百美元，他起初住在东五十一街匹克威克·阿姆斯酒店，每晚房费二点五美元，而后很快搬进一间带家具的出租房，周租金十美元。通过《纽约时报》刊登的分类广告，他找到一份周薪四十美元的工作——给著名时尚摄影师莉莲·巴斯曼做暑期替补助手，后者为《时尚芭莎》工作，而她的丈夫保罗·希梅尔在《生活》做男性时尚摄影。罗素也协助工作室第三位成员，即为《时尚》杂志拍封面的法国著名摄影家罗歇·普里让。罗素

维加，1956年

玛丽莲·梦露在龙山，1954年

要布置灯光，给相机上好胶卷，读取亮度数据，设置曝光时间，在暗房冲印，以及做其他各种必做的杂活儿。“这是份不错的工作，”罗素说，他从中学到了不少。“我学到的最有价值的一件事，”他说，“是我绝对不适合做时尚摄影，对那也缺乏兴趣。”

1952 年 8 月，罗素应征成为陆军第二工兵大队的战地摄影师，战争期间在朝鲜半岛工作了十八个月。他也因此有机会拍摄获遣返的美军战俘，其中包括荣誉勋章获得者、在停战后到了板门店南部的“自由村”的威廉·弗里希·迪安将军。《星期六晚邮报》把罗素拍的照片用作迪安将军回忆文章的配图。罗素也获得了在龙山美军驻地拍摄玛丽莲·梦露的机会，拍下了 1954 年 1 月她到首尔慰问部队的镜头。停战之后，罗素借助之前颁布的一个帮助美国退伍军人上大学的计划，前往加州

272610

威廉·弗里希·迪安将军，1953年

大学伯克利分校就读。

1955 年重回纽约之后，他开始继续拍摄一些独立项目，并积极从一些较小的杂志寻求订单。他想起了在新泽西州的迪克斯堡，士兵们不戴防毒面具，暴露在催泪瓦斯中，以此作为基础训练的一部分。经提交申请，他获准拍摄了受训者步出瓦斯室时眼泪从脸上成串流下的组照。他想把照片卖给《生活》，但未获录用。最后照片出售给了《本周》，那是一份全国发行的联合周日杂志。

其后，他同时为《现代摄影》和《大众摄影》两份杂志工作，并与《君子杂志》签约，赴华盛顿特区数日，拍摄著名诗人兰德尔·贾雷尔——国会图书馆第十一任桂冠诗人顾问（后更名为“美国桂冠诗人”）。他立志要弄出一部能拿得出手展示给《生活》杂志的摄影集，为此他拍摄了工作中的消防员、罢工运动中的纠察员，还拍了一个摄影专题，记录在一个公共汽车站里可能发生的一切——日与夜，雨、晴和雪，百无聊赖的上班族，用拴了磁铁的绳子往人行道的箅子“钓”零钱的儿童，在午夜的霓虹灯光里拥抱的恋人。这一报道在《现代摄影》首发,然后在《选美》杂志上占了六个页面。1956年7月，意大利远洋班轮SS安德烈亚·多利亚号与瑞典轮船斯德哥尔摩夫人号在美国楠塔基特沿海相撞，罗素有机会去拍摄这桩悲惨海难的后续新闻。他花了两天两夜，拍摄了海难幸存者与其亲人的激动人心的团聚场面。

这最终成了他首次在《生活》杂志发表的作品，并在稍后打开了一扇门，让他有机会向助理编辑弗兰克·坎皮恩展示他的摄影报道集和已经发表的东西。坎皮恩答应要给他工作。“我不会让你去拍乡村医生专题之类，”他告诉罗素，“但我会毫不犹豫地给你一项新闻任务。”这之后不久，坎皮恩兑现了承诺，并且在接下来的十二年，罗素持续、定期地从他和《生活》杂志的其他图片编辑那里接受拍摄任务。

1961年拍摄鲍勃·迪伦，除一位雄心勃勃的自由摄影师想以又一个题材向一份杂志投稿以外，看不出来有其他什么明显动机。这也部分解释了为何特德·罗素的这组照片如此不寻常。正是这些照片，提供了对迪伦这位全新的歌手和吉他表演者一种真正坦率的观察角度。这些迪伦在他卓越的演艺生涯开始之初在格尔德民谣城表演的照片，捕捉到了这位年轻表演者眼中的火花。在罗素的照片中，就像在迪伦的音乐中一样，我们能看见迪伦的信念和同情心，他的幽默和他对歌曲的爱。不管那灵感是来自小理查德还是伍迪·格思里，迪伦的音乐都清清楚楚植根在传统里，然而又是当代的，关乎他自己的时代，这种状况持续了好几十年。

这些摄影作品的另一个引人入胜之处，是它们记录

格尔德民谣城内景，1961年1月24日（萨姆·福尔克/纽约时报公司/盖蒂图片社供图）

下了迪伦开始自己写歌，说出他想说的话的时期。虽然在第一张专辑里，迪伦只选了三首原创，但那份录音，连同专辑其余部分的翻唱选曲，包含了他在那以后一次次重返的主题：爱、自由、正义、必死性、救赎、友谊和在路上的人生。

1963年在纽约，受《生活》杂志委派，在国家紧急事件公民特权委员会年度权利法案晚宴上，罗素拍摄了迪伦接受该委员会颁发的潘恩奖的情景，该奖表彰迪伦在争取公民自由方面的卓越行动。作家詹姆斯·鲍德温是当晚的一位演讲者，与迪伦同坐在台上，显然两人很享受在一起的时光。鲍德温当时常去老格林尼治村，在特德关于那场著名活动的照片上，他和迪伦看起来志趣相投。

1964年，罗素拍摄了一组迪伦坐在公寓窗边桌子旁打字的照片，为这位歌曲作者留下了精彩的工作照。这些照片捕捉到了富有魔力的时刻。在背景中能看到迪伦屋子里，一年前作为奖品领回的汤姆·潘恩的相片。在不到一年的时间里，迪伦将不同音乐类型和歌词融合，以最为深刻的方式改变了流行音乐。在格林尼治村的这一时期，迪伦更新并拓展了伟大的美国歌集，日后还会进一步革新美国音乐传统。

直到迪伦最早的两张专辑先后于1961年11月和1962年4月发行，其他摄影师才开始注意到这位音乐家（虽然唐·亨斯坦和约翰·科恩也拍过极好的“早期迪伦”照片）。自那以后，拍摄过迪伦的、我们时代最有造诣的摄影家，有理查德·艾夫登、戴维·加尔、丹尼尔·克雷默、安迪·沃霍尔、巴里·范斯坦、安妮·莱博维茨、威廉·克拉克斯顿、吉姆·马歇尔、杰里·希茨贝格、肯·里根、马克·塞利格、丹尼·克林奇，还有许多。迪伦作为拍摄对象有着无穷的吸引力，他是我们时代最伟大的人物之一。

特德·罗素的这部摄影集是对经典的一个独特贡献：它记录了迪伦作为一个音乐艺术家在格林尼治村起步的最初岁月。鲍勃·迪伦，一位不羁的诗人，在许多人看来，将成为我们时代最具原创性、最有影响力的歌曲作者，而这位艺术家年轻时的肖像丰富了我们的认知。

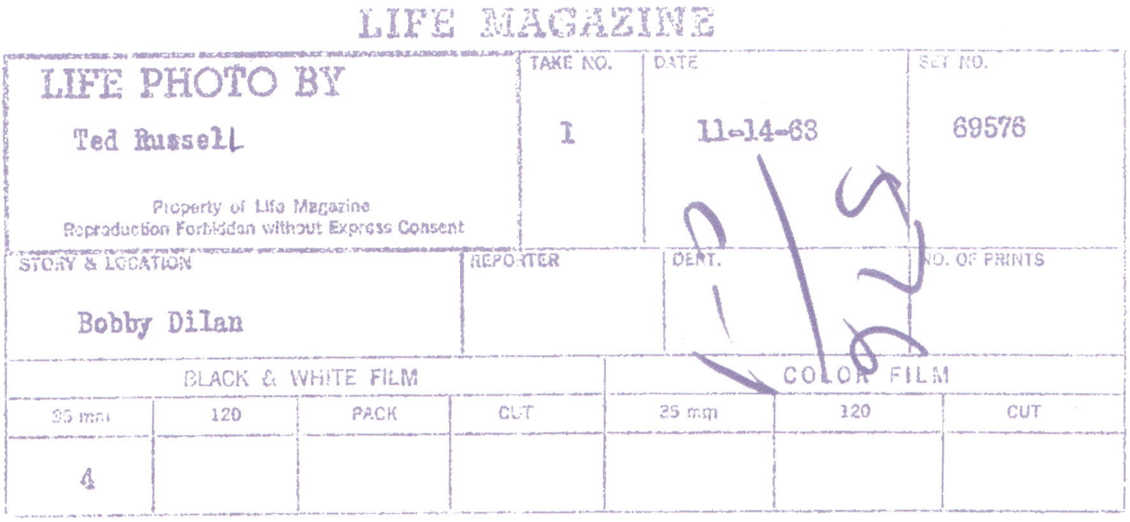
LIFE MAGAZINE

LIFE PHOTO BY Ted Russell | TAKE NO. I | DATE 11-14-63 | SET NO. 69576

Property of Life Magazine
Reproduction Forbidden without Express Consent

STORY & LOCATION: Bobby Dilan | REPORTER | DEPT. | NO. OF PRINTS

BLACK & WHITE FILM				COLOR FILM		
35 mm	120	PACK	CUT	35 mm	120	CUT
4						

《生活》杂志印在相版背面的表格，1963年

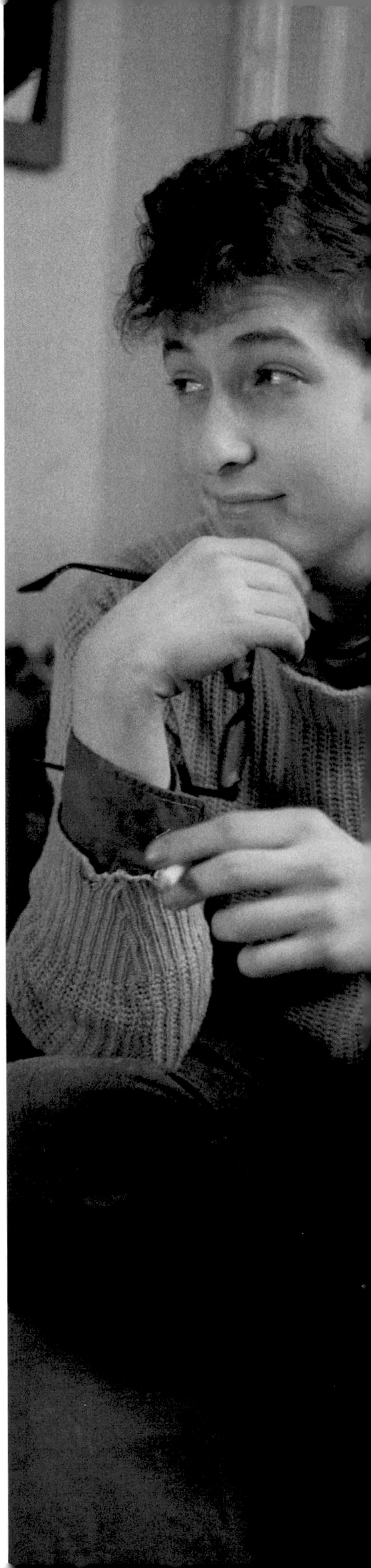

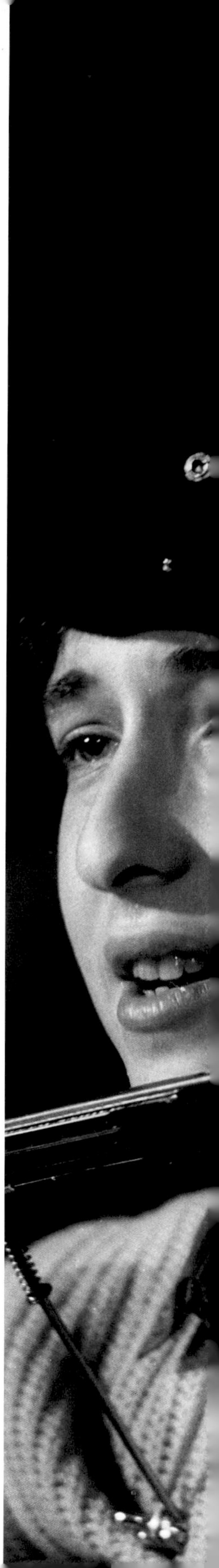

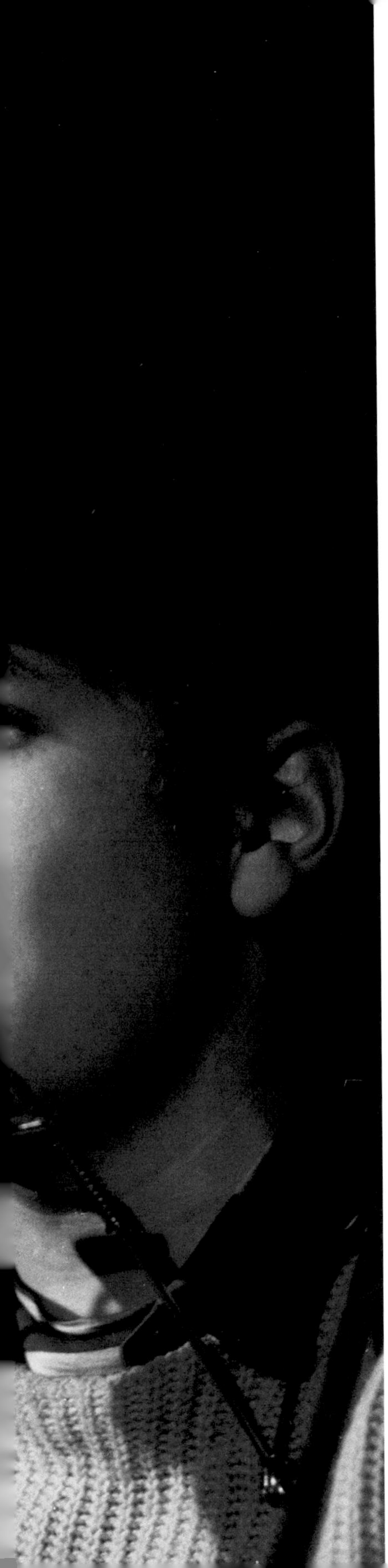

KODAK TRI X PAN FILM
KODAK SAFETY FILM
36
35
34
33
32
31
30
29
28
27
26
25
24
23

KODAK TRI X PAN FILM
KODAK SAFETY FILM
→22
→21
→20
→19
→17
→16
→15
→14
→13
→12
→11
→10
→9
→8
→7
→6
→5
→4
→3

INCORPORATED
AND CITRUS
4/5BU

Clean -
CITRUS
4/5BU
INCORPORATED
NEVINS
INDIAN RIVER

PEOPLE WITH
STRENGTH

VALENTE'S
LIQUOR STORE

致谢

关于这本书，很难说清楚谁是第一个我该感谢的人。显然，若没有我的好友、值得尊敬的合作者和才华横溢的合著者克里斯·默里的不懈努力、无限热情、奉献、勤勉以及富有远见的创意，这本集子就出不来，也就不会存在。在尚未产生任何利润额的情况下，在了不起的出版商里佐利国际出版公司和我们达成合作之前，他将我拍摄的照片和他对于出版一本鲍勃·迪伦之书的构想向各个出版商游说。非常感谢你，克里斯，感谢你的努力工作、坚持不懈和对这个项目的贡献，感谢你对一个自认为是电脑白痴、对本书面世所需的90%的工作都无能为力的合作者的容忍。也感谢在你的安排下，令人称奇的、享有国际声誉的多诺万·利奇写出绝妙的诗作为本书序言！多诺万先生，我向您脱帽致意，非常感谢！您真是太好了，拨冗为这本书写下动人之语。我还想谢谢杰西卡·富勒，里佐利出版社了不起的编辑，她辛苦劳作，使本书得以面世；也谢谢设计师马修·比顿，谢谢他的创造力，以及对我们任何建议的友善回应。

威利·纳尔逊说过一句令人难忘的话："当我开始感恩时，我的整个人生都扭转了。"不是说我的人生陷入了混乱，而是这种感情，让我重新记起感恩是多么重要，每一天都在提醒我，对这一切我要何等感激：不仅为我拥有惊人好运，出生在一个先进、民主的时代；为我有如此前所未有的机遇，能在众多同行帮助下追寻一份富有原创性的有趣事业；也为这些年来医生们以高超的技术和奉献精神，为我延长了生命。

我深深感谢纪念斯隆·凯特林癌症中心的拉丽莎·K·F·坦普尔博士，还有詹姆斯·D·史密斯博士，你们精湛的手术技艺让我于2011年9月得以在结肠癌的魔爪下幸存。谢谢你们，谢谢你们，谢谢你们!

同样地，我很感谢北岸LIJ医疗中心的巴里·卡普兰博士为我插上救生的支架，疏通了冠状动脉95%的堵塞。再一次谢谢你，谢谢你，谢谢你！我也非常感谢我的心脏病治疗专家艾伯特·斯凯诺纳博士，一直用心监督我的康复。

还有，如果我不向我的妙友兼邻居安·怀特（又名安·荣誉守护天使·怀特）表示感谢，那就太疏忽了。是她驾车将我送到急诊室，医生得以及时为我打开阻塞的冠状动脉，真正地救了我的命；她还在2013年5月我心脏病发作后，出色地照顾了我所珍爱的博美狗"小狐狸"八天。

最后，但肯定不是不重要的，我衷心地感谢和感激我的好友兼同事、在纽约的杰出小图片社北极星影像的拥有者让－皮埃尔·帕皮，没有你，这本书极有可能不会诞生。《新闻周刊》的一张封面图片是我拍马尔科姆·X的其中一张照片，正是J.P.（人人都这么叫帕皮）在看到它之后，在前些日子敦促我清理我在20世纪60年代的拍摄资料。我早都忘记了我拍的鲍勃·迪伦照片，在赴欧洲完成那一系列被延长了的任务之前，它们被我埋在一个老文件柜里，此后沉睡了三十多年，直到J.P.催促我将其出版。

我还要感谢哥伦比亚唱片公司的公关约翰·库兰，是他第一个促成我去格尔德民谣城，去看看公司刚签下的这位新的、很有天分的年轻民谣歌手；感谢我的好友兼同事阿尔弗雷德·韦特海默，听到我盛赞了在克里斯·默里主持下出版的埃尔维斯·普雷斯利华美的图片集后，热心地安排我与克里斯·默里连上线。

——特德·罗素

我要感谢特德·罗素这样出色的一位合作者。我们相识的时间很短，而我已从他身上学到了太多。我永远感激他的友谊和他的摄影。我深深感谢我亲爱的朋友多诺万，他给这本书作了篇这么精彩的序。同伍迪·格思里、约翰尼·卡什的祖先们一样，多诺万出生于苏格兰，他的音乐技艺在很大程度上搭建起了跨过大西洋、连接凯尔特大地和美洲的歌曲桥梁。我由衷地感谢里佐利出版社的杰西卡·富勒，她看好这本书并将其出版，她是一位很有才干、充满活力的编辑。非常感谢我亲爱的朋友、摄影师阿尔弗雷德·韦特海默，是他为我引荐特德·罗素。我很欣赏马修·比顿对这本书良好的设计品位。特别感谢丹尼尔·克拉默和阿丽娜·克拉默、乔治·哈里森、巴里·范斯坦和艾伦·金斯伯格，感谢他们赐予的灵感。感谢戴维·加尔遗产管理委员会。感谢吉姆·卡拉汉，将我介绍给鲍勃·迪伦，也感谢查克·伦德尔曼，将我介绍给吉姆。致谢迈克尔·迈耶，为"暴风雨中的避难所"。致谢维维恩·福斯特、安娜·雅各比和戴维·默里，为他们在戈文达画廊的工作。致谢卡洛塔·赫斯特，为她的爱和支持。致谢戴维·亚当森和亚当森编辑中心的每个人。当然，最重要的是，我要赞美和感谢鲍勃·迪伦，为他的歌曲和他的音乐。

——克里斯·默里